AF430922

Poemas de amor y esperanza

Aharon Fito Lamm

Producer & International Distributor
eBookPro Publishing
www.ebook-pro.com

Poemas de amor y esperanza
Aharon Fito Lamm

Contact: zivafito123@gmail.com
ISBN 978-965-575-293-9

Agradezco a Pablo Lamm, su hermano mellizo y a Moshe Wetzstein la gran ayuda y buenos consejos que me dieron.
Ziva Lamm

Poemas de amor y esperanza

Aharon Fito Lamm

Índice

Prólogo — 8

Ay hermano — 11

No digas quien — 15

Agua fresca — 17

Amada — 19

Cantando llegan — 21

Caminemos juntos — 23

Cuando vuelvas — 27

Tierra — 29

Adiós — 31

Prólogo

Fito, Aharon Lamm, nació en Santiago de Chile el 9 de Julio de 1942, hijo de Simona y Abraham Lamm. Fue miembro del movimiento juvenil sionista" Hanoar Hatzioni" en Chile y como tal, en el año 1966 emigró a Israel y se radicó en el kibutz Tel Itzjak hasta su fallecimiento el 28 de Enero de 2022. Dejo tres hijos, cinco nietas y un bisnieto del primer matrimonio, esposa e hija del segundo matrimonio.

Fito fue un gran aporte al kibutz y a lo largo de los años realizó varios y variados trabajos. Hay que recalcar que fue combatiente en 1973 en la Guerra de Yom Kipur en Sinai (frente egipcio), experiencia que influyó mucho en él, de ahí que en su último año de vida se dedicó a recopilar datos y recuerdos.

Los poemas a continuación fueron presuntamente escritos en los años 70. Ellos reflejan el lado romántico de su personalidad. En el año 1969 se publicó su poema "Tierra" pero no sabe donde.

Fito tenia un gran conocimiento en muchos campos y entre sus cualidades podemos destacar :sencillez, conformarse con poco, amar al prójimo. Era liberal, nunca guardó rencor a nadie, su buen corazón y el calor que transmitía causaba que la gente se sintiera cómoda a su alrededor. Tenía un gran sentido del humor y le gustaba hacer adivinanzas con palabras.

Durante sus estudios de literatura en Chile estudió también "Don Juan" y le gustaba contar la anécdota en la que el Conde manda a matar a Don Juan por seducir a su esposa, cuando creyó que había tenido éxito hace una fiesta, en la mitad de la cual aparece de repente Don Juan diciendo: "Los muertos que matáis gozan de buena salud". Contando esta anécdota, Fito expresaba su humor y optimismo.

Años antes de fallecer, Fito me pidió que publicara los poemas. Se puede ver también los textos como fueron escritos originalmente al lado de los impresos.

Los nueve poemas que aparecen en este libro se publican en su memoria.

Ziva lamm

1. ay hermano
así es
aquí estamos
como ves
los de abajo
los de arriba
para oirte
para ver
aquí estamos
como ves
ay hermano
así es

2. ay hermano
ya lo se
en tus voces
te escuché
en tu canto
en tu ritmo
con tu son
con tu saber
en tus voces
te escuché
ay hermano
ya lo se

3. ay hermano
no me dejes
tú que cantas
no te alejes
con guitarra
sin amor
ay que si
ay que no
tú que cantas
no te alejes
ay hermano
no me dejes

4. ay hermano
contrapunto
contra todo
vamos juntos
codo a codo
que tu canto
que tu voz
que tú y yo
contra todo
vamos juntos
ay hermano
contrapunto

5. ay hermano
y tu guitarra
con mi voz
ay que farra
por el mundo
nos iremos
y cantando
con amor
ay que farra
con mi voz
ay hermano
y tu guitarra

6. ay hermano
cantas tú
canto yo
cantan todos
canta el sol
canta siempre
sin temor
por amor
cantan todos
cantas tú
ay hermano
canto yo

Ay hermano

ay hermano
asi es
aquí estamos
como ves
los de abajo
los de arriba
para oirte
para ver
aquí estamos
como ves
ay hermano
asi es

ay hermano
ya lo se
en tus voces
te escuché
en tu canto
en tu ritmo
con tu son
con tu saber
en tus voces
te escuché
ay hermano
ya lo se

ay hermano
no me dejes
tú que cantas
no te alejes
sin guitarra
sin amor
ay que si
ay que no
tú que cantas
no te alejes
ay hermano
no me dejes

ay hermano
contrapunto
contra todo
vamos juntos
codo a codo
que tu canto
que tu voz
que tú y yo
contra todo
vamos juntos
ay hermano
contrapunto

Simona, su madre, Frida, su hermana y Fito

ay hermano
y tu guitarra
con mi voz
ay que farra
por el mundo
nos iremos
y cantado
con amor
ay que farra
con mi voz
ay hermano
y tu guitarra

ay hermano
cantas tú
canto yo
cantan todos
canta el sol
canta siempre
sin temor
por amor
cantan todos
cantas tú
ay hermano
canto yo

1   no digas quien
     én la mañana suave
     de tu nostalgia

2   no digas como
     en el sendero abierto
     de tu esperanza

3   no digas cuando
     en la noche lenta
     de tu mirada

4   no digas quien
     como ni cuando
     tan sólo di que si

Fito

No digas quien

no digas quien
en la mañana suave
de tu nostalgia

no digas como
en el sendero abierto
de tu esperanza

no digas cuando
en la noche lenta
de tu mirada

no digas quien
como ni cuando
tan sólo di que si.

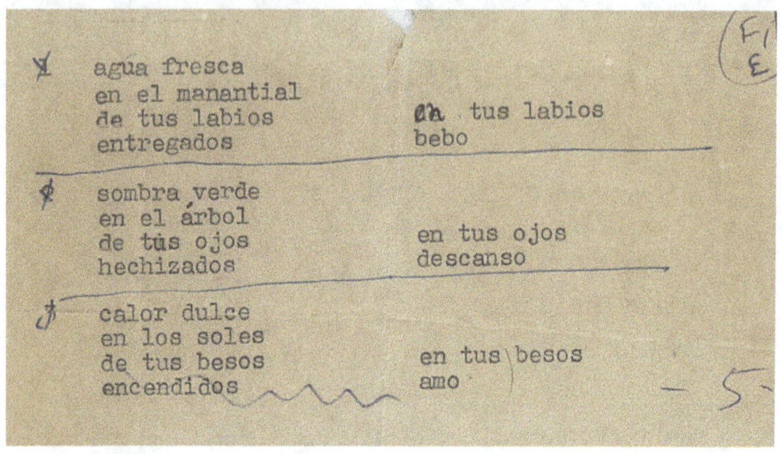

Fito sentado en el centro, rodeado de toda su familia

Julio, 2021

Agua fresca

agua fresca
en el manantial
de tus labios   en tus labios
entregados   bebo

sombra verde
en el árbol
de tus ojos   en tus ojos
hechizados   descanso

calor dulce
en los soles
de tus besos   en tus besos
encendidos   amo

4 ojos grandes   2 vive y sueña
  de tu rostro   ven a mí
  que me miran
  desde tí

                       1 armada

  canto libre
  de tus manos
  que me alegran
  a sentir

  color fuerte
  de tus labios
  que me besan
  y yo a tí.

3 amor lleno
   de tu alma
   que me ama

   astro firme
   de tu cielo
   que me ~~siente~~ canta

Fito

5 rítmicas luces   risa de cristales
   avanzan   derramada
   desde el infinito   fuente abierta en el alba
   de tus ojos   de tu alma
   cantan   señalada

   simples silencios
   de tu boca
   manantial de amores
   encontrados
   fuente loca

   de tu cuerpo llamas
   expresado
   colores y poemas
   exótico perfume
   hechizado

Amada

amada
vive y sueña
ver a mí

amor lleno
de tu alma
que me ama

astro firme
de tu cielo
que me canta

ojos grandes
de tu rosto
que me miran
desde tí

canto libre
de tus manos
que me alegran
a sentir

color fuerte
de tus labios
que me besan
y yo a tí.

rítmicas luces
avanzan
desde el infinito
de tus ojos
cantan

simples silencios
de tu boca
manantial de amores
encontrados
fuente loca

de tu cuerpo llamas
expresado
colores y poemas
exótico perfume
hechizado

risa de cristales
derramada
fuente abierta en el alba
de tu alma
señalada.

Cantando llegan
los sueños
de los hombres
por venir

Cantando llegan
los ecos
de los pobres
en su sufrir

Cantando llegan
los hombres
a este mundo
para vivir

Cantando llegan
los gritos
de las madres
al parir

5 Cantando llegan
las penas
de aquellos que
van a morir

6 Cantando llegan
Juntos
cantando todos
se van
cantemos en este
mundo
hasta que vuelva
a llegar
el rico sabor
del canto
a las bocas
y paladar
de aquellos buenos
hombres
que aun no saben
cantar.

Fito

Cantando llegan

cantando llegan
los sueños
de los hombres
por venir

cantando llegan
los ecos
de los pobres
en su sufrir

cantando llegan
los hombres
a este mundo
para vivir

cantando llegan
los gritos
de las madres
al parir

cantando llegan
las penas
de aquellos que
van a morir

cantado llegan
juntos
cantando todos
se van
cantemos en este
mundo
hasta que vuelva
a llegar
el rico sabor
del canto
a las bocas
y paladar
de aquellos buenos
hombres
que aún no saben
cantar

1   camino por las horas
    por los largos
    tiempos de la noche
    señalado
    por los ecos
    de los tristes pasos
    perturbado
    bajo el peso
    del recuerdo

2   busco en los árboles
    de tu bosque
    sin hallar salida
    sigo las luces
    de tu luz
    sin lograrla *llegar*
    quiero
    de tu fuego
    para quemarme

3   silencio en el sendero
    del profundo pozo
    de tus ojos
    clara fuente
    de las miles caras
    ya miradas
    viajo por los simples
    y los buenos
    sin llegar a ellos

4   miro a través
    de los siglos
    de mi mente
    llamo
    con las voces
    del silencio
    ellos no escuchan
    no ven
    no hablan

5   quiero ser
    de los simples
    ser de ellos
    quiero hablar
    con ellos
    que me hablen
    verlos oirlos
    amarlos
    que me amen

6   lágrimas secas
    en tus ojos
    sin consuelo
    desierto
    de quebradas grietas
    en tus labios
    para tus ojos
    cariño y agua
    para tu desierto

7   toma mi mano
    y
    caminemos
    por las horas
    por los tiempos
    por la vida
    camina conmigo
    mira junto a mi
    y avancemos

Caminemos juntos

camino por las horas
por los largos
tiempos de la noche
señalado
por los ecos
de los tristes pasos
perturbado
bajo el peso
del recuerdo

busco en los árboles
de tu bosque
sin hallar salida
sigo las luces
de tu luz
sin llegar
quiero
de tu fuego
para quemarme

silencio en el sendero
del profundo pozo
de tus ojos
clara fuente
de las miles caras
ya miradas
viajo por los simples
y los buenos
sin llegar a ellos

miro a través
de los siglos
de mi mente
llamo
con las voces
del silencio
ellos no escuchan
no ven
no hablan

Fito en el kibutz Tel Ytzjak

quiero ser
de los simples
ser de ellos
quiero hablar
con ellos
que me hablen
verlos oírlos
amarlos
que me amen

lágrimas secas´
en tus ojos
sin consuelo
desierto
de quebradas grietas
en tus labios
para tus ojos
cariño y agua
para tu desierto

toma mi mano
y
caminemos
por las horas
por los tiempos
por la vida
camina conmigo
mira junto a mi
y avancemos

1   cuando vuelvas
     caminando
     entre sueños
     de poeta y trovador

2   y tus voces
     derrama das en los cerros
     donde siempre
     llega el sol

3   cuando quieras
     en los bosques
     que la savia de tu canto
     sea flor

4   y las gentes
     que te escuchan
     de tu copa en sus labios
     el licor

5   cuando grites
     oh poeta
     y los ecos perfumados
     de tu voz

6   en los sones
     embrujados
     de tu flauta en la playa
     de tu amor

7   cuando cantes
     y tu risa
     rompa blanca en las rocas
     sin temor

8   cuando vuelvas
     tú , poeta
     cantará el mundo entero
     en tu alma , trovador

Cuando vuelvas

27

cuando vuelvas
caminando
entre sueños
de poeta y trovador

y tus voces
derramadas en los cerros
donde siempre
llega el sol

cuando quieras
en los bosques
que la savia de tu canto
sea flor

y las gentes
que te escuchan
de tu copa en sus labios
el licor

cuando grites
oh poeta
y los ecos perfumados
de tu voz

en los sones
embrujados
de tu flauta en la playa
de tu amor

cuando cantes
y tu risa
rompa blanca en las rocas
sin temor

cuando vuelvas
tú, poeta
cantará el mundo entero
en tu alma, trovador

ooo

1 tierra
   de los sones milenarios
   acunada
   por las guerras y los llantos

2 surco
   amargo del trabajo
   abierto
   por los vientos y los cantos

3 desierto
   de los rostros resecados
   polvoriento
   por el tiempo y los rastros

4 camino
   de las hondas noches
   apresado
   por la luna y los astros

5 tierra
   surco desierto y camino
   necesito
   para amarte de tu sol y manto

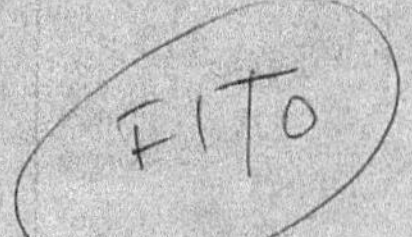

Tierra

tierra
de los sones milenarios
acunada
por las guerras y los llantos

surco
amargo del trabajo
abierto
por los vientos y los cantos

desierto
de los rostros resecados
polvoriento
por el tiempo y los rastros

camino
de las hondas noches
apresado
por la luna y los astros

tierra
surco desierto y camino
necesito
para amarte de tu sol y manto.

1   adiós
    a los rostros despiadados
    a las rimas engañadas
    a los rezos adornados
    a las musas marchitadas

2   me despido
    de los viejos de los chicos
    de los perros y los patios
    de los ciegos y los ricos
    de los pobres y los sabios

3   me voy
    por los caminos por los valles
    por los cerros y las plazas
    por los ríos y las calles
    por los cielos y las casas

4   y te espero
    en las noches en los días
    en mi tierra y cadabra
    cuando quieras cuando digas
    cuando vengas con amor

Adiós

adiós
a los rostros despiadados
a las rimas engañadas
a los rezos adornados
a las musas marchitadas

me despido
de los viejos de los chicos
de los perros y los patios
de los ciegos y los ricos
de los pobres y los sabios

me voy
por los caminos por los valles
por los cerros y las plazas
por los ríos y las calles
por los cielos y las casas

y te espero
en las noches en los días
en mi tierra con dolor
cuando quieras cuando digas
cuando vengas con amor.

Los cuatro hijos de Fito: Orly, Tahel, Oren y Kineret

Fito con sus tres hijos de sus primeras nupcias

Los mellizos, Fito y Pablo

En el primer matrimonio, con Miriam y sus padres

La guerra de Yom Kippur, 1973

Con Ovadia, península de Sinai, la guerra de Yom Kippur, 1973

Con su segunda esposa, Ziva

Kineret, 2022

Fito, disfrazado de francés